AF337485

NOTICE

NÉCROLOGIQUE

SUR

M. RAMBURE,

Vicaire-Général du Diocèse d'Arras.

CAMBRAI,

IMPRIMERIE DE C.-J.-A. CARPENTIER,

Grand'Place, 76.

1844

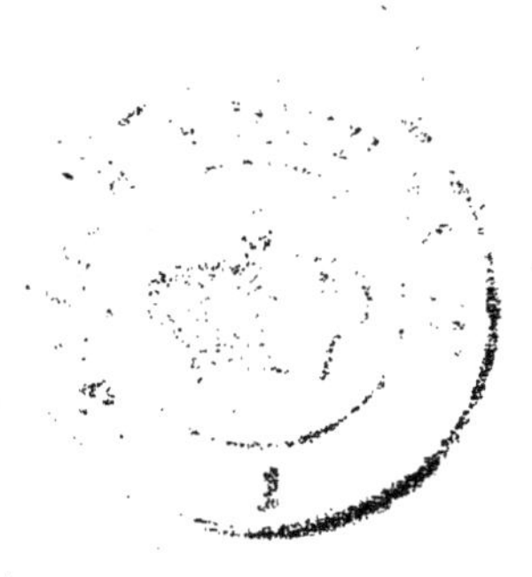

NOTICE

NÉCROLOGIQUE

SUR

M. RAMBURE,

VICAIRE - GÉNÉRAL DU DIOCÈSE D'ARRAS.

————

Cinq mois se sont à peine écoulés depuis la mort de M. l'abbé Herbet, vicaire-général, que la tombe s'ouvre pour recevoir son vénérable collègue, M. Rambure. Essayons de nous consoler de cette nouvelle perte par le récit de quelques traits édifians de la longue et laborieuse carrière de ce vertueux prêtre. Les faits que nous racontons nous ont été transmis par des personnes qui ont vécu dans son intimité et qui les ont même souvent recueillis de sa bouche.

M. Jean-Philippe-Joseph Rambure, né à Arras, le 29 avril 1753, fit ses humanités au collége de cette ville, sous la direction des prêtres séculiers qui avaient remplacé les jésuites. Ses maîtres ne tardèrent pas à reconnaître en lui d'heureuses dispositions pour la vertu. Aussi mirent-ils tout en œuvre pour cultiver avec soin cette jeune plante. Leurs espérances ne furent pas trompées. Ses études profanes terminées, M. Rambure entra au séminaire tenu par les Lazaristes. Dans cette sainte maison, il se montra tel qu'il devait être un jour dans l'exercice de ses fonctions : rigide observateur de ses devoirs.

M. de Conzié, évêque d'Arras, que ses rapports avec M. le comte d'Artois (depuis Charles X) retenaient à la cour, n'ayant pu faire l'ordination à laquelle M. Rambure avait été appelé par ses supérieurs, lui donna un dimissoire pour le diocèse d'Ypres. C'est dans cette ville qu'il reçut l'ordre de la prêtrise, aux quatre-temps de septembre de l'année 1778. Nommé, aussitôt après sa promotion au sacerdoce, desservant de Gommecourt, il éprouva dans cette paroisse des peines intérieures qu'un tempéramment moins fort que le sien n'aurait jamais pu supporter. Ses jours étaient tristes et sombres, son sommeil souvent troublé. Tourmenté d'inquiétudes, il se levait au milieu de la nuit pour se rendre à Arras et y chercher la solution de ses doutes. Que de fois n'a-t-on pas surpris, dès quatre heures du matin, un prêtre, transi de froid, stationnant aux barrières : c'était le jeune desservant de Gommecourt qui attendait l'ouverture des portes pour voler auprès de ses anciens directeurs du séminaire et déposer dans leur sein ses vaines terreurs. Eclairé des lumières de ces savans professeurs, il regagnait aussitôt sa paroisse, faisant quatre ou cinq lieues à jeun, afin de pouvoir célébrer la sainte messe et bénir un mariage à l'heure annoncée. Ces peines cruelles sont presque toujours un effet de la miséricorde de Dieu, qui les permet, soit pour purifier celui qui les éprouve, soit pour, le rendre plus compatissant aux misères d'autrui. M. Rambure avait, en effet, une grâce particulière pour consoler les âmes affligées.

Cependant, informé par ses vicaires-généraux de l'état de ce jeune prêtre, Mgr de Conzié le retira de Gommecourt et le nomma vicaire de St-Géry, première paroisse de la ville (1780). Dans cette nouvelle position, M. Rambure donna sa confiance tout entière à son curé, M. Mathelin. C'est de ce pasteur vénérable, disait-il souvent, qu'il avait appris la scien-pratique du saint ministère. Il avouait que le temps passé sous la conduite de cet homme de Dieu était la plus belle portion de sa vie, celle où il avait coulé les jours les plus heureux.

Au commencement de la révolution, la cure de St-Jeanen-Ronville devint vacante. Les temps étaient déjà mauvais. M. de Conzié comprit qu'il fallait dans ce poste un homme fermement attaché à l'Eglise et capable de supporter au besoin la persécution. Il jeta les yeux sur M. Rambure. Celui-ci, dont toute l'ambition se bornait au vicariat de St-Géri, ne s'étant pas mis en mesure d'obtenir les grades nécessaires pour occuper une cure, fut obligé de faire le voyage de Reims, afin d'y subir les épreuves et examens requis en pareil cas. Cette formalité remplie, le nouveau gradué fut aussitôt mis en possession de la cure vacante le 14 juillet 1790. Ce fut là, sans contredit, l'événement le plus honorable de toute sa vie; car, au témoignage des anciens du sanctuaire, dire qu'un prêtre a joui de l'estime de M. de Conzié, de ce prélat au tact si fin, au coup-d'œil si juste, au caractère si noble, si franc et si loyal, c'est faire de cet ecclésiastique le plus bel éloge. M. Rambure ne resta pas long-temps à la tête de sa paroisse : deux ans après son installation, il fut obligé de céder son presbytère à un intrus, à l'un de ces prêtres prévaricateurs qui avaient prêté serment à la sacrilège constitution civile du clergé et s'étaient ainsi séparés de l'unité catholique. Toutefois, le bon pasteur n'abandonna pas son troupeau ; il loua une maison près de son église, dans le but de préserver plus facilement du schisme ses bien-aimés paroissiens. Toujours en garde contre les empiètemens sans cesse renaissans de l'autorité civile sur les droits de l'Eglise, il ne céda le terrain qu'à la force. Ses ennemis ne lui pardonnaient pas sa fermeté ; ils voulurent s'en venger. Dénoncé au club, qui se tenait à la Gouvernance, comme perturbateur du repos public, il fut dès lors le point de mire vers lequel se dirigèrent les traits des méchans. Une troupe de bandits, soudoyée par les meneurs du parti, vint un jour préluder aux scènes de quatre-vingt-treize vis-à-vis sa maison ; ces misérables en firent en quelque sorte le siège : la porte extérieure, cédant à leurs efforts, tomba dans la cour avec fracas, et la foule s'y précipita pour se saisir du curé de St-Jean. Celui-ci vint à leur rencontre et leur demanda si c'était au nom de la liberté qu'ils se permettaient de violer son domicile. Sa fermeté les déconcerta ; ils se retirèrent en vociférant des cris de mort et la menace *à la lanterne !*

L'homme qui depuis plus de dix ans n'avait cessé de travailler au bonheur et au salut de ses frères, vit bien, dès ce moment, qu'il n'était plus en sûreté dans sa paroisse ni dans sa
ville natale ; il prit le bâton de pélerin vers le milieu du mois
d'août 1792 , et se dirigea avec plusieurs de ses confrères sur
les bords du Rhin. Arrivés dans la Campine le 13 novembre,
jour de saint Didace, M. Rambure et ses compagnons de
voyage trouvèrent l'occasion d'imiter à la lettre l'amour de ce
saint pour la pauvreté. Exténués de fatigue, ils se virent dans
la nécessité de demander l'aumône à la porte d'une petite fer-
me. La maîtresse de la maison, ne comprenant pas leur lan-
gage, ne savait ce qu'ils désiraient; ils joignirent humblement
les mains, puis les portèrent à la bouche, afin de lui faire entendre qu'ils avaient faim. Elle leur donna aussitôt une tran-
che de pain à laquelle elle ajouta quelque laitage. D'autres
personnes charitables vinrent au secours de ces exilés, et grâce
aux soins de la divine Providence qui nourrit les oiseaux du
ciel et revêt les lis des champs, ils ne manquèrent jamais du
nécessaire. C'est ainsi que M. Rambure passa cinq ans en
Westphalie, partageant son temps entre l'étude et la prière.
Vers 1797, l'amour de la patrie, ou plutôt le désir de se rendre utile à ses frères, le rappela en France. Il traversa le pays
occupé par nos armées victorieuses, au moyen d'un costume
d'homme de peine, et pénétra jusqu'au pays de Lalleu. Muni
de pouvoirs extraordinaires de M. de Conzié, il organisa, de
concert avec M. Andrieux, ancien doyen de Bapaume, dans
une grande partie du diocèse d'Arras, un service religieux qui
faisait l'admiration de tous ceux qui en ont eu connaissance.
C'est surtout dans les paroisses de Beuvry, de Locon, de Ver-
meille, de Violaines, Festubert, Annay, Noyelles et Rou-
vroy qu'il exerça son zèle. A Noyelles, les anciens du village
conservent encore comme une précieuse relique le petit livre
de dévotion que ce pieux ecclésiastique leur donna pour sou-
venir, le jour de leur première communion. Il célébrait la
messe dans quelques maisons sûres, et portait le Saint Viati-
que aux moribonds, tantôt sous la blouse d'un marchand de
bestiaux, tantôt sous la hotte d'un pipier. C'est là qu'il faillit
être surpris par les gendarmes. S'étant mis en voyage sans
guide, par une nuit fort obscure, il s'égara long-temps de sa

route. Après avoir erré de village en village, il retrouva son gîte accoutumé chez une respectable veuve, qui, au péril de sa vie, voulait bien lui donner un asile. A peine avait-il goûté quelques heures d'un paisible sommeil que la maîtresse de la maison accourt en toute hâte, en lui criant : *Voilà les gendarmes ! ils frappent à la porte, sauvez vous !* M. Rambure éprouvait une telle lassitude, qu'il aurait autant aimé se laisser prendre que fuir. Cependant la pensée de pouvoir encore travailler au salut de ses frères se présente à son esprit. Aussi rapide que l'éclair, il disparaît par une porte secrète et se met bientôt hors des atteintes de ses persécuteurs. A La Bassée, ou dans une paroisse voisine, il s'exposa au plus grand danger pour offrir les secours de la religion à une malheureuse fille qui, dans un moment de désespoir, s'était enfoncé un couteau dans le sein. La maison était remplie de personnes accourues de divers côtés pour être témoins de cet affreux spectacle ; les agens de police de cette époque, hommes fort suspects, se trouvaient aussi dans la foule. M. Rambure se fait jour auprès de cette femme en qualité d'officier de santé ; il persuade aux parens que leur fille peut encore échapper à la mort, pourvu qu'on la laisse tranquille. Incontinent, on se met en devoir de faire écouler la foule. Le ministre de la réconciliation profite de ce moment de calme pour dire à cette infortunée qu'il est prêtre. Aussitôt il reçoit l'aveu de ses fautes, l'excite au repentir et la laisse en paix avec Dieu.

Lorsque Napoléon eut permis l'exercice public du culte catholique, M. Rambure fut nommé desservant de Beaumetz-lez-Cambrai, où l'homme ennemi avait semé l'ivraie à pleines mains, par le ministère d'un intrus. Dieu, voulant punir et sauver cette paroisse, permit qu'une maladie pestilentielle vînt décimer ses habitans ; dans ces circonstances cruelles, le mercenaire prend la fuite, mais le bon pasteur donne sa vie pour les siens. C'est ce que fit M. Rambure ; n'apercevant dans ce fléau rien autre chose que le doigt de Dieu, il seconde, autant qu'il est en lui, les vues de la divine miséricorde ; il vole de malade en malade, se multiplie pour porter à tous, avec les sacremens, les consolations de la Religion, il accompagne les médecins dans leurs visites, se fait infirmier, donne lui-même des avis salutaires, et l'épidémie cesse deux mois après son invasion. Tandis que le peuple le bénit, le révère, et lui offre le tribut de sa reconnaissance, M. Rambure est attaqué lui-même de la maladie qui le conduit aux portes du tombeau. Cependant un mieux se manifeste, contre toute espérance; il en profite pour se faire transporter à Arras, où il recevra plus facilement les secours et les soins que réclame son état. Quelque temps après sa convalescence, M. Duquesnoy, curé de Saint-Nicolas et Saint-Nicaise, étant tombé malade et prévoyant bien qu'il ne pourrait plus s'acquitter de sa charge pastorale, pria M. Rambure de venir à son aide. Le ci-devant curé de Saint-Jean ne put se refuser aux désirs de cet ancien confrère. Il exerça auprès de lui les fonctions de pro-curé jusqu'au 19 octobre 1808, époque de sa nomination définitive à la cure. C'est dans ce laps de temps que la ville d'Arras fut témoin d'une imposante et pieuse cérémonie dont M. Rambure fit en grande partie les frais. Nous voulons parler de la bénédiction de la croix du cimetière : c'est lui qui fit ériger à la porte d'entrée ce beau calvaire entouré d'une charmille, au sommet duquel on vit s'élever pendant plus de vingt-quatre ans le signe sacré de notre salut. Le jour de l'inauguration de ce pieux monument, le généreux curé de Saint-Nicolas invita à un banquet les premières autorités de notre cité. Peu de temps après, il dota sa paroisse d'un établissement bien cher aux vrais enfans de la foi. Au moyen de quêtes et de divers secours que lui fournirent plusieurs personnes charitables, il racheta l'ancienne maison des Clarisses et y réunit les restes vénérables de cette communauté que le fer de la révolution n'avait point atteints. Oh! qui pourrait compter les malheurs, tant publics que particuliers, détournés de dessus nos têtes par les prières de ces saintes filles!

Nommé définitivement curé de Saint-Nicolas, il se livra avec toute l'ardeur et toute l'énergie de son zèle au soin de sa paroisse. Les pauvres n'oublieront jamais sa tendre sollicitude. On se rappelle encore ses instructions familières, ses prônes, ses explications du symbole et des commandemens, et ses discours préparatoires aux principales fêtes de l'année. Le fidèle assidu au cours d'instructions de ce vigilant pasteur ne pouvait manquer d'acquérir une connaissance exacte de ce qu'il devait croire et pratiquer.

Disons aussi quelque chose de ses habitudes de travail. Toutes ses journées étant consacrées aux fonctions extérieures du saint ministère, il prenait sur son sommeil pour se livrer à l'étude. Dès trois heures du matin, il allumait sa lampe dans l'alcove de son lit qui était aussi sa bibliothèque, et il composait ces solides et paternelles instructions dont nous parlions tout à l'heure.

Tant de sollicitude méritait un encouragement. La Providence le lui ménagea en le faisant nommer chanoine honoraire de la cathédrale, le 7 août 1811, et doyen du canton d'Arras-sud dans le cours de l'année suivante.

Les casernes étant situées sur la paroisse de Saint-Nicolas, le curé est fréquemment en rapport avec les militaires de la garnison. Un soir, un officier se présente au presbytère et demande à M. Rambure un billet de confession, à l'effet de contracter mariage. Le sévère curé de Saint-Nicolas le regarde d'un air grave et lui dit : *Monsieur, pour obtenir de moi un billet de confession, il faut vous confesser.* L'officier, faisant quelques représentations assez déplacées, M. Rambure reprend d'un ton plus haut : *Vous vous confesserez, monsieur; mettez-vous à genoux.* Ce brave, qui n'avait jamais pâli devant l'ennemi, fut tout étonné de se trouver interdit en présence d'un vieillard à cheveux blancs. Il tombe à ses pieds, fait l'aveu de ses fautes, et se relève les yeux baignés de larmes. Puis, embrassant son vénérable Ananie, il s'écrie avec l'expression d'un indicible contentement : *Ah! monsieur, quel service vous m'avez rendu! je vous en remercie.*

Sous le ministère Decazes, le gouvernement propageait, avec un zèle déplorable, un mode d'instruction primaire qui n'avait pas la confiance des familles. La ville d'Arras fut gratifiée d'un établissement de ce genre. M. Rambure, qui en connaissait l'insuffisance et le vice sous le rapport religieux, se montra encore sur la brèche, à l'âge de soixante-six ans, pour combattre l'ennemi. Il s'agissait de prémunir la jeunesse contre les mauvaises doctrines. Il ne se donna plus de repos jusqu'à ce qu'il eût trouvé le remède au mal qu'il redoutait, et bientôt, par ses bons offices et ses démarches, les catholiques eurent la consolation de voir la première école des Frères de la doctrine chrétienne s'ouvrir sur la paroisse

Saint-Nicolas, dans la rue des Morts. Dans cette circons-
tance des personnes notables vinrent un jour le prier de les
accompagner dans une visite qu'elles se proposaient de faire
à l'école primaire, *l'école du gouvernement*, pour la relever un
peu de l'état de discrédit dans lequel elle se trouvait. M. le
doyen de Saint-Nicolas qui n'était pas un de ces hommes à
deux visages, ne voulut jamais consentir à jouer le rôle qu'on
voulait lui imposer. Cette résistance lui attira quelques obser-
vations dont il eut le bon esprit de ne pas s'affecter; il avait
fait son devoir.

Cependant, la santé de M. Rambure s'altérait. Chaque
année, à la fin du Carême, on apprenait que M. le curé de
Saint-Nicolas, épuisé par les fatigues du confessionnal, faisait une fluxion de poitrine, et avait subi d'abondantes sai-
gnées qui ruinaient son tempérament. L'une de ses maladies
fut si grave, qu'il demanda et reçut le Saint-Viatique. La
Providence vint à son secours et lui procura une honorable
retraite. Elle se plut encore, en quelque sorte, à couronner
sa vieillesse d'honneurs et de dignités. D'abord, il fut nommé
promoteur du diocèse, en remplacement de M. Pelletier,
mort à la fin de 1829. Ce n'était là qu'un prélude à de nou-
velles distinctions. M. Denissel, vicaire-général, ne pouvant
plus remplir ses fonctions à cause de son grand âge et de ses
infirmités, M. le doyen reçut, le 12 mars 1831, des lettres
de grand-vicaire honoraire, qui furent bientôt suivies d'une
commission de membre du conseil privé de l'évêché, puis
d'une nomination définitive au grand-vicariat vacant par la
mort du titulaire. Conservé comme doyen de Saint-Nicolas,
il joignit à toutes ces distinctions les titres de théologal, de
supérieur des communautés non cloîtrées, d'administrateur
du séminaire et de grand-archidiacre d'Arras. Alors il
quitta sa cure et vint occuper une maison dans la rue Sainte-
Croix. Là, son repos ne fut pas oisif; il donnait ses soins à
la communauté des Augustines, auprès desquelles il remplis-
sait les fonctions d'aumônier. Dans la saison la plus rigou-
reuse, malgré son grand âge, il traversait la Grand'Place,
couverte de neige, luttant contre la tempête. Quelquefois il
s'arrêtait incertain s'il irait jusqu'au bout. Aussitôt, reprenant
courage, il se disait à lui-même : *Tu marcheras*; et il pour-

suivait sa route avec une nouvelle ardeur jusqu'à la chapelle du monastère. Les habitans du quartier s'estimaient heureux d'entendre sa messe. Il la célébrait avec une foi si vive, que le mystère semblait être pour lui sans voiles. *Quel vénérable vieillard!* se disait-on ; *comme il s'acquitte bien encore de ses cérémonies !*

M. Rambure jouissait des douceurs de la retraite, lorsque Dieu vint le visiter par un cruel accident. Il portait depuis plusieurs années un mal caché. Un jour qu'il en souffrait plus que de coutume, il retire l'appareil que nécessite cette infirmité, et voilà qu'au même instant le mal prend un développement extraordinaire. Le médecin qui le voit en est effrayé ; il juge que l'opération est indispensable et qu'il faut y procéder au plus tôt, car il croit apercevoir un principe de gangrène. Le malade ne se faisant pas illusion sur le danger de son état, demande aux hommes de l'art réunis autour de lui un moment pour se recueillir. Alors, seul devant Dieu, il lui adresse cette prière de saint Martin de Tours : *Seigneur, si je puis encore être utile à quelque chose, je ne refuse pas le travail ; que votre sainte volonté soit faite !* Sa prière finie, il rappelle les médecins et leur dit : *Maintenant, messieurs, faites votre devoir.* Le vénérable vieillard subit, avec un courage héroïque, cette opération douloureuse qui obtint les plus heureux résultats. Il sembla même reprendre une nouvelle vigueur On le voyait chaque jour arriver à la cathédrale matin et soir pour assister à l'office canonial, et de là se rendre au secrétariat de l'évêché, pendant les tournées de confirmation.

C'est à peu près vers cette époque (18 juin 1837) qu'il reçut la croix de la Légion-d'Honneur. Certes, le gouvernement donnerait un nouveau prix à cette décoration s'il la décernait toujours à des hommes du mérite de M. Rambure. Nous ne parlerons pas de la satisfaction qu'il en éprouva, puisque lui-même se la reprochait. Voici à ce sujet ses propres paroles : *Je ne me doutais pas qu'à l'âge de quatre-vingt-quatre ans l'homme fût encore susceptible de tant de vanité. Car enfin, qu'est-ce que ce ruban et cette décoration, si ce n'est un hochet qu'l'on m'a donné pour amuser ma veillesse? Cependant, j'en suis glorieux ; je ne comprends pas comment j'estime tant encore les choses de ce monde, après en avoir prêché si sou-*

vent le détachement... Malheureux homme que je suis ! je suis comme les vieux arbres qui tiennent à la terre plus que les jeunes.

Cependant ses forces diminuant par degrès, il fut obligé d'abandonner le service de sa chère communauté. Il gémissait de ne plus pouvoir monter à l'autel. *Il est temps,* disait-il à ses amis, *il est temps de commander mon cercueil.* Pour se consoler de cette privation, il avait fait arranger dans son appartement un petit oratoire, et là, quand une température plus douce, une disposition meilleure le permettait, il célébrait la sainte messe. Bientôt il fallut encore se priver de cette consolation, à cause du tremblement de ses membres ; à cette peine vint s'en joindre une nouvelle : celle de ne plus pouvoir réciter le saint office. Il y supléait par une grande attention à la divine présence et par des élévations plus fréquentes vers son créateur. *Je suis convenu avec le bon Dieu,* disait-il, *de lui offrir chacune de mes respirations comme un acte d'amour.* — Vers la fin de juillet 1842, il fut attaqué d'une espèce de goutte qui le fit beaucoup souffrir et lui inspira de vives alarmes. Le premier il demanda les sacremens. Comme l'un de ses amis le rassurait sur son état, il lui répondit par cette apostrophe : *Et vous aussi vous voulez m'entreenir dans mes désirs terrestres !* Le 4 du mois d'août, il reçut le Saint-Viatique en se recommandant aux prières de toute l'assistance; Dieu permit qu'il se remit encore de cette secousse ; sans doute, pour lui faire mieux comprendre le néant des choses humaines, car il compta des jours bien amers dans la dernière année de sa vie. Mais il trouva sa consolation dans la pensée de la mort, à laquelle il se préparait d'une manière plus prochaine. On le surprit un jour lisant dans un rituel les prières des agonisans. *Il faut bien,* disait-il, *que je me familiarise avec elles.* Peu de temps après, il s'affaiblit encore davantage, et le chapitre lui porta les derniers sacremens. Le chanoine qui l'administrait lui ayant demandé s'il espérait que Dieu lui ferait miséricorde, il répondit, en levant les yeux au ciel : *Respice in faciem Christi tui et salvi erimus.* Il vécut encore cinq semaines après l'accomplissement de ce saint devoir, conservant toujours une grande présence d'esprit et renouvelant mille fois le sacrifice de sa vie Une religieuse Augustine vint le visiter quelques jours avant sa mort ; il l'accueillit en ces termes : *Ah ! ma sœur, il y a long-temps que vous n'êtes venue me voir ! Je prie Dieu de répandre sur votre communauté ses bénédictions les plus abondantes ; pour moi je m'en vais dans la maison de mon éternité.*

Le dimanche 5 novembre, il donna encore sa bénédiction aux personnes de sa maison, et la nuit suivante, il s'éteignit sans agonie, entre les bras de son neveu M. l'abbé Rambure, curé de Rivière.

Tel est le précis de la vie de ce saint prêtre.

C'était un de ces hommes rares de nos jours, qui aiment la vérité et ne craignent pas de le dire : *Lex veritatis fuit in ore ejus.* Ses funérailles furent célébrées le mercredi suivant. Son Eminence y assista en soutane rouge, mozette violette, et fit l'absoute. Son convoi se composait du chapitre, du clergé de la cathédrale, de celui des paroisses de la ville, des élèves du séminaire et d'un piquet du 1er régiment du génie. MM. Herbet (Alexandre) et Proyart, chanoines, accompagnaient le deuil. MM. Dubois et Dissaux, ses anciens vicaires, conduisirent jusqu'au cimetière sa dépouille mortelle. Elle repose à côté de celle de M. Herbet, son digne collègue, son ami, son ancien vicaire et paroissien. A la vue de ces deux tombes qui renferment deux hommes doués de qualités si aimables, et dont la vie fut si édifiante, si utile et si belle, on ferait volontiers graver au dessus de leur monument funèbre ces paroles de la Ste-Ecriture : *Amabiles et decori in vitâ suâ, in morte quoque non sunt divisi.*

Imprimerie de C.-J.-A. CARPENTIER, Grand'Place, 76, à Cambrai.

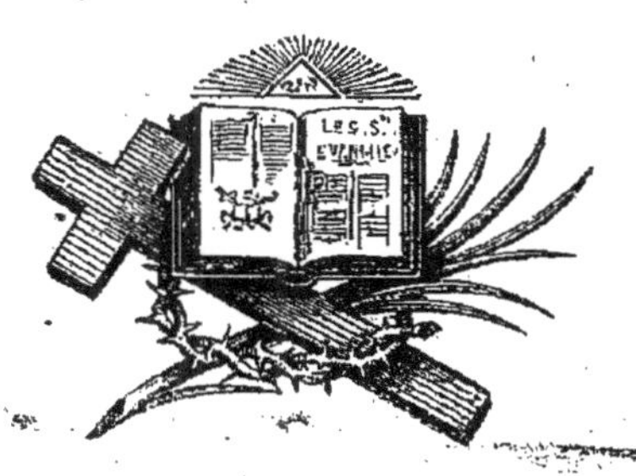
LES S.
EVANGILE